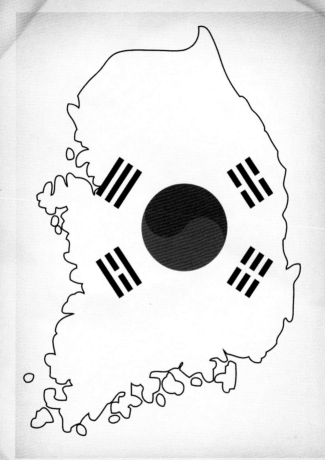

South Korea 한국

Helicopter Pilot, Lt. Bill Weber 헬기 조종사 빌 웨버 중위

Opening Gifts

선물을 열어보는 아이들

Thanksgiving 1969

1969년 추수감사절 (추석)

Lt. Bill Weber and Agi

빌 웨버 중위와 아기

Agi, Larne Gabriel, Kim Jin Up

아기, 란 가브리엘, 김진업

Enjoying Treats

간식 먹는 아이들

Mr. Kwak and Children　　　곽 원장님과 아이들

Swinging

그네 타는 아이들

Spring 1970

1970년 봄

Seoul Story
서울 이야기

Susie Lawlor

Yangju Child Care Center   양주 영아원 (보육원)

Copyright © 2021 by Lawlor Communications, Inc.

All rights reserved. No part of this publication may be reproduced, distributed, or transmitted in any form or by any means, including photocopying, recording, or other electronic or mechanical methods, without the prior written permission of the publisher, except in the case of brief quotations embodied in critical reviews and certain other noncommercial uses permitted by copyright law. For permission requests, write to the publisher, addressed "Attention: Permissions Coordinator," at the address below.

This is a memoir. It reflects the author's present recollections of experiences over time. Some faces have been blurred, names and characteristics have been changed, some events have been compressed, and some dialogue has been recreated.

Published by:

Lawlor Communications, Inc.
2785 Pacific Coast Highway, Suite 430
Torrance CA 90505-7066
www.LawlorCommunications.com

Printed in China | First Printing 2021

Graphic Designer and Illustrator: CJ Rooney
Consultant: Daniel Lawlor Jr.
Translations: Susanna Lee, TransPerfect.com
Photo credits: W. Larne Gabriel, Raymond Helmick, Dean Huff, Bill Wagner, koreanorphanage.com (Yangju Child Care Center/Yangju Orphanage), flyingtigerline.org (Flying Tiger Line Pilots Association)

ISBN: 9780578814551
LCCN: 2021901172

This story is for my dad who was able to love, accept, and visualize how a tiny mustard seed, with its humble beginnings, could overcome obstacles, thrive, and grow into a beautiful flower

아버지께 바치는 글

아주 작은 겨자씨가 처음에는 보잘것 없이 미약하기만 하지만
역경을 극복하고 무럭무럭 자라나 아름다운 꽃을 피우듯이,
한결같은 사랑으로 저를 받아 주시고 제가 성장해 나가는 모습을
지켜봐 주신 제 아버지께 이 이야기를 바칩니다.

Mustard Flower　　　　　　　　겨자꽃

Author's Thoughts

I've always wanted to write a children's book that shares and educates both children *and* adults about the importance of adoption. Everyone should be exposed to and taught about the concept of helping others and the many rewards it brings.

My memories from my time at Yangju Child Care Center in South Korea are limited and blurry. Therefore, my own *Seoul Story* would not have come to fruition had it not been for two important people: my dad and Larne Gabriel; U.S. Army soldiers, both of whom were stationed at Camp Casey near Seoul, South Korea from 1969 to1970. During their off-duty time in Korea, my dad and Gabriel, along with the 7th Aviation Battalion, immersed themselves with time, money, and heart to the Yangju Child Care Center, a local orphanage. Both men were hugely affected by the children who lived there; so much so that my dad opened his heart even further and provided a forever home for me, a child from a foreign country that *may* have had a pretty bleak future, had I not been adopted.

In 2010, forty years later, Gabriel developed the Yangju Child Care Center website and, through his many photos, was able to capture moments of everyday life at the orphanage and pay homage to its director Kwak Sun Yong. I happened to stumble upon it in 2020 and saw photos of myself and my fellow 'Yangju orphans', all from a bygone era. The website brought into focus and stitched together the information and photos from my past, which I was able to use to complete my book.

I hope to one day meet my *first* family, so they can share *their* stories of heartaches and joys.

Postscript:
It is with great pain and sadness that I share that my dad, on January 28, 2021, died from Coronavirus (COVID-19). He was never able to see or read the book that was dedicated to him.

저자의 생각

저는 늘 아이들 그리고 어른들에게 입양의 중요성을 일깨워주는 아동 도서를 쓰고 싶었습니다. 다른 사람들을 돕는 것이 어떤 것이고 또한 그것이 얼마나 보람된 일인지 모두에게 알리고 싶었고 가르쳐 주고 싶었습니다.

한국에 있는 양주 영아원에서 지냈던 시간에 대한 제 기억은 짧고 흐릿하기만 합니다. 그렇기에 1969년부터 1970년까지 한국의 서울 근처에 있는 캠프 케이시에서 주한 미군으로 근무했던 제 아버지와 란 가브리엘 씨, 이 두 분의 도움이 없었다면 저의 서울 이야기는 결실을 맺지 못했을 것입니다. 한국에 있을 당시, 아버지와 가브리엘 씨는 쉬는 날이면 제7 항공대대 부원들과 함께 근처 보육원인 양주 영아원을 찾았고, 시간과 돈을 아끼지 않고 온 마음을 다해 아이들을 보살펴주었습니다. 영아원 아이들은 제 아버지와 가브리엘 씨를 아주 좋아했고 잘 따랐습니다. 아이들을 아주 좋아하셨던 아버지는 더 나아가 제게 마음을 열어 주시고 영원한 보금자리를 마련해 주셨지요. 입양되지 않았더라면, 어쩌면 아주 암울한 미래를 마주해야 했을 타국의 고아에게 따뜻한 가정을 선사해 주셨습니다.

그로부터 40년이 지난 2010년, 가브리엘 씨는 양주 영아원 웹사이트를 개설했습니다. 그가 공개한 많은 사진들을 통해 영아원의 일상적인 풍경들이 소개 되었고 영아원을 운영하셨던 곽순용 원장님께 경의를 표할 수 있었습니다. 저는 우연히도 2020년에 이 사이트를 발견했고, 거의 잊혔던 제 어린 시절의 모습과 '양주 보육원' 친구들의 사진을 보게 되었습니다. 웹사이트의 내용과 사진들을 통해 저는 제 과거에 대한 정보를 하나하나 엮어가며 마침내 이 책을 완성할 수 있게 되었습니다.

언젠가는 제 첫 번째 가족을 만나 그들의 가슴 아픈 사연과 더불어 재회의 기쁨을 나눌 수 있게 되기를 바랍니다.

추신
너무나도 슬프고 가슴 아픈 소식이지만 2021년 1월 28일 아버지는 코로나19로 세상을 떠나셨습니다. 안타깝게도 이 책을 보지도, 읽지도 못하고 떠나신 아버지께 이 책을 바칩니다.

Did I ever tell you how Agi (baby) was adopted?

On a cold, spring morning in the small town of Tongduchon, near Seoul, South Korea, a young, sad mother (Eomeoni), sorrowfully and cautiously stepped through the gates of Yangju Orphanage.

아기가 어떻게 입양되었는지 얘기했나요?

어느 쌀쌀한 봄날 아침, 한국 서울에서 멀지 않은, 작은 도시인 동두천에 살던 한 젊은 어머니가 슬픔에 잠긴 얼굴로 조심스럽게 양주 보육원 대문에 들어섰어요.

She held, close to her heart, *her* Agi, who she hesitantly and quietly placed at the door of the old, but clean orphanage and quickly disappeared.

자신의 아기를 품에 꼭 안고 있던 어머니는
낡았지만 깨끗해 보이는 보육원의 문 앞에서
망설이다 마지 못한 듯 아기를 내려 놓고
조용히 그리고 빠른 걸음으로 자리를
떠났어요.

Eomeoni was too poor to raise Agi. She hoped by leaving her at the orphanage, Agi would have a better life than the one she could provide.

어머니는 너무나 가난해서 아기를 키울 수 없었어요. 그래서 아기가 더 나은 삶을 살기를 바라는 마음으로 보육원 앞에 아기를 두고 떠났던 것이죠.

Agi grew slowly and was very tiny. There were many children at the orphanage and not enough food to eat; usually, only rice and kimchi. Even so, she was strong and stubborn in her soul, for she would need these two qualities to thrive and blossom in life.

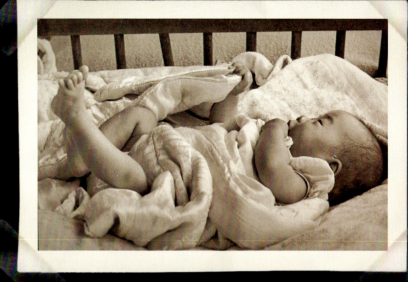

아기는 조금씩 서서히 자라기 시작했지만 아주 작았지요. 보육원에는 많은 아이들이 있었고 먹을 음식이 풍족하지 않아, 매일 먹는 것은 밥과 김치뿐이었어요. 그래도 아기는 강하고 자기주장이 확실한 아이였어요. 아기가 앞으로 성장하고 꿈을 활짝 펼치기 위해선 꼭 필요한 자질이었죠.

As years passed and springs turned to summers, Agi happily played and danced with the many children at the orphanage. They were all friends and, together, would play on the swings or walk in the fields, as they felt the crisp, cool air on their cheeks.

시간이 흘러 봄과 여름이 몇 차례 오가는 동안, 아기는 잘 자라 많은 보육원 친구들과 함께 행복하게 춤을 추며 놀기도 했죠. 모두가 친구였고, 사이좋게 그네를 타거나 두 뺨에 와 닿는 상쾌하고 시원한 공기를 느끼며 들판을 함께 거닐기도 했어요.

At night, Agi and the children would sleep in rows on the warm wood floors and dream about a family that would love and take care of them.

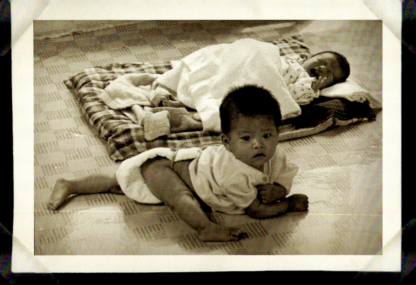

밤이 되면 아기와 아이들은 따뜻한 나무 바닥에 나란히 누워 잠이 들었고, 꿈 속에서 자신들을 사랑해주고 보살펴주는 가족들의 모습을 그려 보기도 했답니다.

Many more years passed and the children grew older as they waited for a family to adopt them.

여러 해가 지나고 아이들은 무럭무럭 자라면서
자신들을 입양해줄 가족을 기다렸습니다.

Luckily for the children, U.S. Army soldiers from nearby Camp Casey would come to the orphanage and bring candy and gifts to the excited, ruddy-faced orphans. They would also play games, like *Ring Around the Rosie!*

다행히도 보육원 근처에 있던 미군 부대 캠프 케이시의 군인들이 종종 아이들을 찾아와서 사탕과 선물을 나눠주면 아이들은 한껏 신이 나 얼굴이 발그레해지곤 했죠. 군인들은 아이들과 함께 손을 잡고 빙빙 돌아라 장미야 노래를 하며 놀아주기도 했어요.

To thank the soldiers for their help and gifts, the children would often put on shows for the soldiers and Agi would be the star! Mr. Kwak, the headmaster and director of the orphanage, was very proud of all the children. The children called him Halabeonim, which means grandfather.

아이들은 군인들의 도움과 선물에 보답하기 위해 종종 장기자랑을 했는데, 그 중 스타는 바로 아기였답니다! 보육원을 맡고 계셨던 곽 원장님은 모든 아이들을 무척 자랑스러워하셨어요. 아이들은 원장님을 할아버님이라고 불렀는데, 그건 할아버지를 높여 부르는 것이에요.

Now, at almost five years of age, Agi had no idea how dramatically and completely her life would change in the coming days and months. She was going to be adopted! A new family and forever home would be hers!

이제 거의 만 다섯 살이 된 아기는 앞으로 몇달 후에 지금과는 전혀 다른 곳에서 완전히 새로운 삶을 살게 되리라는 것을 상상조차 할 수 없었죠. 아기가 마침내 입양이 되어 새로운 가족과 영원한 보금자리를 갖게 되리라는 것을요!

An American soldier and his wife wanted to help their lonely daughter Lisa. Every night, Lisa had prayed and prayed for a little sister and *now* her prayers were about to be answered.

한 미국 군인과 그의 아내는 늘 외로워하는 외동딸 리사를 도와주고 싶었어요. 리사는 매일 밤 여동생이 생기길 기도했고 *이제* 그 기도가 이루어질 참이었죠.

Agi would have to say goodbye to the only family she had ever known. She was nervously excited because she had no idea what to imagine or expect.

아기는 그때까지 유일한 가족이었던 보육원
식구들과 작별인사를 해야 했어요. 아기는
들뜨기도 했지만 어떤 미래가 기다리고 있을지
상상도 할 수 없었기에 불안하기도 했어요.

Before she hopped onto a huge airplane with her new dad, there was a flurry of paperwork that needed to be completed. Money had to be paid for the adoption, health checks had to be supervised and shots had to be administered. "Ow!" Agi was none too pleased about her shots!

아기가 새 아빠와 함께 커다란 비행기에 타기 전에 수많은 서류 작업이 이루어져야 했어요. 새 아빠는 입양 수속에 드는 비용을 지불해야 했고, 아기는 건강 검진을 받고 주사도 맞아야 했어요. "아야!" 아기는 주사를 맞는 것이 정말 무섭고 아팠답니다!

One of the most important decisions that had to be made was, "What would Agi's new American name be?" Her American dad decided *Susie* would be her name because she was little, happy, and cute.

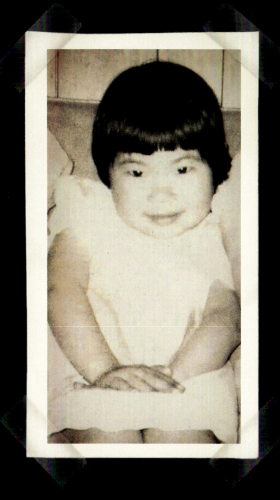

아기를 위한 가장 중요한 결정 중 하나는 "아기의 새 미국 이름을 무엇이라고 지을까?" 하는 것이었어요. 아기의 새 미국인 아빠는 아기의 이름을 수지로 결정했어요. 작고 행복하며 귀여운 아기에게 아주 잘 어울리는 이름이었으니까요.

On her way to America, Susie's almond eyes became as huge as saucers, while she took in the many new sights, sounds, and smells. On the plane, she quickly ate five breakfasts!

미국으로 가는 여행 내내, 수지의 작고 가는 두 눈은 많은 새로운 풍경과 소리, 냄새들을 접하며 접시처럼 휘둥그레졌어요. 비행기 안에서 수지는 아침 식사를 다섯 번이나 그것도 눈깜짝할 사이에 다 먹어버렸답니다!

Susie thought to herself, "When will I have this much food again?" Little did she know, there would soon be more food to eat than she'd ever dreamt was possible.

수지는 마음 속으로 생각했어요. "이렇게 많은 음식을 또 언제 먹을 수 있을까?" 하지만 수지는 알 리가 없었죠. 꿈에서도 볼 수 없었던 더 많은 음식들을 곧 먹을 수 있게 될 것이라는 사실을요.

After a very long, loooong trip, Susie met the rest of her new family; but they didn't look like her, and they didn't even speak Korean!

"What's going on?" she thought. "Oh, yes, I am in America with a **brand-new** life!"

아주 길고 기나긴 여행 끝에 드디어 수지는 새로운 가족들을 모두 만나게 되었어요.
하지만 수지의 새 가족들은 수지와 생김새도 달랐고 한국말도 하지 못했어요!

"이게 어떻게 된 거지?" 수지는 생각했어요. "아, 그래, 이제 난 미국에서 **새로운** 삶을 사는 거야!"

And that's how Susie was adopted! Eomeoni's hope for a better life for her little Agi *had* come true.

바로 이렇게 수지는 입양되었던 거죠! 어린 아기가 더 나은 삶을 살길 바랐던 어머니의 바람이 **마침내** 이루어진 것입니다.

Sisters

언니와 함께

Grandma Weber

웨버 할머니

Helping Dad

아빠를 돕는 수지

Smile!   스마일!

Swinging

그네 타는 수지

Playing Dress-Up

분장 놀이하며 한껏 멋을 낸 자매들

Glossary & Phonetic Pronunciations

adopt   *[uh-dopt]*   to legally take a child and raise as one's own in a forever home

agi   *[ah-ghee]*   baby

eomeoni   *[uh-muh-ni]*   mother

halabeonim   *[hal-ah-bu-nim]*   grandfather

kimchi   *[kim-chee]*   pickled cabbage and/or cucumbers

orphanage   *[awr-fuh-nij]*   a group home that takes care of children who have no parents

Tongduchon   *[Tong-doo-chun]*   a city 40 miles north of Seoul, South Korea, U.S. Army Camp Casey is located there.

Yangju   *[Yang-joo]*   a city located south of Tongduchon